CATALOGUE

DES

LIVRES

DE SORTES

?ET ASSORTIMENS,

Qui se trouvent à PARIS;

Chez SAUGRAIN, jeune, Libraire Ordinaire
de Monseigneur le COMTE D'ARTOIS,
Quai des Augustins ,: près le Pont Saint
Michel, à la Fleur-de-Lis d'Or.

L'ON trouve chez le même Libraire
des Livres de hazard en tout genre : le
prix est marqué sur chaque Volume.

CATALOGUE
DES LIVRES

Qui *se trouvent chez* SAUGRAIN, *jeune,*
Libraire Ordinaire de Monseigneur le
COMTE D'ARTOIS, *Quai des*
Augustins, près le Pont Saint Michel.

A

NTIPHONARIUM Romanum Notatum,
in-12. Gratianopoli.

Actes, Mémoires & autres pieces authen-
tiques concernant la paix d'Utrecht,
in-12. 7 vol.

Antonii Augustini de Emendatione Gratiani à Ste-
phano Baluzio, *in-8°.*

Arrêts notables des différens Tribunaux pour servir de
suite au Journal du Palais, par Augeart, *fol. 2 vol.*

Arrêts de Louet augmentés par Brodeau, *fol. 2 vol.*
sous presse.

Arrêts du Parlement de Provence servant de conti-
nuation aux Arrêtés de Boniface, par Bezieux. *fol.*

Arrêts du Parlement de Toulouse, contenant beaucoup de Décisions nouvelles sur toutes sortes de

A

matieres, par Jean de Catellan, *in-4°. 2 vol.*

Abregé méthodique de la Jurisprudence des eaux & forêts, *in-12.*

Ambassades de Noailles, *in-12. 5 vol.* ouvrages posthumes de M. Vertot.

Architecture Pratique concernant la construction générale & particuliere des Bâtimens, par Bullet, *in-8°.*

Antonii Gouan Hortus Regius Monspeliensis, *in-8°.*

Antonii Gouan Flora Monspeliaca, *in-8°.*

Agriculture complette ou l'art d'améliorer les terres, traduit de l'Anglois de Mortimer, *in-12. 4 vol. figures.*

Amusemens de la Campagne, de la Chasse & de la Pêche, avec la maniere de faire les filets, par Liger, *in-12. 2 vol.*

L'Agronome ou Dictionnaire du Cultivateur, contenant toutes les connoissances nécessaires pour gouverner les biens de Campagne, & les faire valoir utilement, *in-8°. 2 vol.*

Abregé des bons fruits avec la maniere de les connoître, & de cultiver les arbres, par Mellet, *in-12.*

Arithmétique de Barême augmentée de l'arithmétique nécessaire à l'arpentage & au toisé, de la méthode de mesurer toutes sortes de terreins tels qu'ils puissent être, *in-12.*

Arithmétique de le Gendre, derniere édition, augmentée d'une nouvelle regle d'alliage, *in-12.*

Art de parler françois, par la Touche, *in-12. 2 vol.*

Art de parler allemand, par le sieur Leopold, *in-12. 2 vol.*

Art de la Cavalerie, ou la maniere de devenir bon Ecuyer, par Saunier, *fol.*

Abregé de l'histoire de M. de Thou avec des remarques fur le texte de cet Auteur, & fur la traduction qu'on a publiée de fon ouvrage en 1734, par M. Remond de Sainte-Albine, *in*-12. 10 *vol.*

Abregé de l'Hiſtoire de France, par Boulainvilliers, *in*-12. 3 *vol.*

Abregé Chronologique de l'Hiſtoire de France, par Mezeray, *in*-4°. 4 *vol.*

— Le même, *in*-12. 14 *vol.*

Abregé de l'Hiſtoire Eccléſiaſtique de Racine, *in*-4°. 13 *vol.*

Abregé de la Perfection Chrétienne de Rodriguez, *in*-12. 2 *vol.*

Anecdote Littéraire, ou Hiſtoire de ce qui s'eſt paſſé de plus ſingulier & remarquable aux Ecrivains François, depuis le renouvellement des Belles-Lettres ſous François Ier. juſqu'à nos jours, par M. Raynal, *in*-8°. 3 *vol.*

B

BREVIARIUM Romanum, *in*-12. *Gratianopoli.*

Bibliotheque des jeunes Négocians, par Delarue, *in*-4°. 2 *vol.*

La Boucle de cheveux enlevée, poëme héroique compoſé en Anglois par Pope, traduit en vers françois, par M. M . . . *in*-8°. *broché.*

Buxtorfi Lexicon Hebraicum, *in*-8°.

Bible de le Cene, *fol.* 2 *vol.*

C

CORPUS Juris Canonici emendatum & notis Lancelloti illuſtratum, *Coloniæ Munatianæ, in*-4°. 2 *vol.*

Coutumier de Picardie & Vermandois, *fol.* 4 *vol.*

Coutumes de Metz, *in-8°.*

Coutume d'Anjou, par M. Poquet de Livonieres, *fol.* 2 *vol.*

Coutume d'Angoumois, par Vigier, *fol.*

Coutumier général, ou Corps complet de toutes les Coutumes tant générales que particulieres de France, par Richebourg, *fol.* 4 *vol.*

Coutumes genérales d'Artois, par Maillart, *fol.*

Coutume de Bearn, *in-12.*

Coutume de Mante & Meulan, avec les notes de Dumoulin, revue & corrigée par Guiot, *in-12.*

Coutume de Paris commentée par Ferriere, *in-12.* 2 *vol.*

Texte de ladite Coutume commenté par le même, *in-12.*

Coutumes de Paris avec les notes de Dumoulin, & les obfervations de Tournet, Joly & Labbé, anciens Avocats, *in-12.* 2 *vol.*

Nouveau Commentaire fur la Coutume de Paris, par M. * * * *in-12.* 2 *vol. fous preffe.*

Coutume de Paris rédigée dans l'ordre naturel de la difpofition de ces articles, par le Maître, revue, corrigée & augmentée par M. * * * Avocat au Parlement, *fol.*

Coutume de Poitou, commentée par Boucheul, *fol.* 2 *vol.*

Principes généraux de la Coutume de Poitou, Par M. Marquet, Avocat au Parlement, *in-12.*

Coutume de Lorris & de Montargis, par Cofte, *in-12.* 2 *vol.*

Code des chaffes, ou nouveau traité du droit des chaffes, fuivant la Jurifprudence de l'Ordonnance de Louis XIV. du mois d'Aqût 1669, *in-12.* 2 *vol.*

(5)

Commentaire fur les nouvelles Ordonnances de Louis XV. par Lacombe, *in*-4°.

Conférences des Ordonnances de Louis XIV, commentées par Bornier, *in*-4°. 2 *vol.*

Conférences des Ordonnances des Eaux & Forêts, par Galand, *in*-4°. 2 *vol. fous preffe.*

Commentaire fur le tarif du Contrôle des Actes & Infinuations, & fur les droits du centieme denier, *in*-8°.

Cæpola de fervitutibus, *in*-4°.

Cujatii Paratitla, *in*-12. 4 *vol.*

Code (le) Militaire, par Briquet, *in*-12. 8 *vol.*

Cuifiniere Bourgeoife fuivie de l'Office à l'ufage de tous ceux qui fe mêlent des dépenfes de maifon, *in*-12. 2 *vol.*

Caufes célébres & intéreffantes avec les Jugemens qui les ont décidées, recueillies par M. Gayot de Pitaval, *in*-12. *fous preffe.*

Tous les Volumes, depuis le tome 4 jufqu'au tome 18, fe vendent féparément.

De la connoiffance & de l'amour de notre S. J. C. par le Pere de Belingan, *in*-12.

Cenfure de la Faculté de Théologie contre Emile, latine & françoife, *in*-4°.

—— La même françoife, *in*-8°.

—— La même françoife, *in*-12.

Confolations contre les frayeurs de la mort, par M. Drelincourt, *in*-12. 2 *vol.*

Confeils de la fageffe, *in*-12.

Connoiffances des Poetes les plus célebres, ou moyen facile de prendre une teinture des Humanités, *in*-12. 2 *vol.*

Comptes faits de Barême, ou Tarif général de toutes

A iij

les monnoies, tant anciennes que nouvelles, *in-12.*

—— Le même, *in 24.*

Culture des jardins fruitiers , par Liger , *in-12.* *sous presse.*

Calcul du toisé , *in-8°.*

Conquêtes de Louis XV. *fol. avec de très-belles figures.*

Les Commentaires de Cefar, nouvelle édition revue , corrigée & augmentée de notes hiftoriques & géo-graphiques, *in-12. 2 vol.*

Nouveau Cuifinier Royal & Bourgeois, ou Cuifinier moderne, ouvrage utile dans les familles aux Maî-tres d'Hôtel & Officiers de cuifine , *in-12. 3 vol.*

Curiofité de Paris , *in-12. 2 vol. avec fig.*

Connoiffance parfaite des chevaux, contenant la ma-niere de les gouverner, l'art de monter à cheval, & de dreffer les chevaux au manege, *in-8°. fig.*

Le Chef-d'œuvre d'un Inconnu, par Martanafius, 2 *vol. in-12. petit format.*

Commentaire de Voltaire fur Corneille, 3 *vol. in-12.*

Cuifinier inftruit , fuivi d'un petit abregé fur la ma-niere de faire les confitures liquides, & autres def-ferts de toute efpèce, *in-12. 2 vol.*

Commentaire de Blaife de Montluc, 4 *vol. in-12.*

Contes des Fées allégoriques, *in-12.*

Culture des Pechers, par M. de Combe, *in-12.*

D

DÉLICES de la Campagne, *in-12.*

Dictionnaire Théologique contenant l'expofition & les preuves de la révélation de tous les Dogmes de la Foi & de la Morale, les points de controverfe, les héréfies les plus célebres; *in 8°.*

Doctrine des Miracles, *in-12.*

Differtations fur l'union de la Religion, de la Morale & de la Politique, par Varbuton, *in-12. 2 vol.*

Difcours du Parlement de Provence, par M. Guedant, Avocat Général du Parlement d'Aix, *in-12. 5 vol.*

Les tomes 4 & 5 fe vendent féparément.

Droit Eccléfiaftique de Fleuri, *in-12.*

Difcours fur l'hiftoire ancienne pour faciliter aux jeunes perfonnes de l'un & de l'autre fexe l'intelligence des Auteurs anciens & modernes, *in-12.*

Difcours fur l'hiftoire des Juifs, *fous preffe.*

Difcours fur l'hiftoire moderne, *fous preffe.*

Decifiones celeberrimi Sequanorum Senatus Dolani, Authore Jo. Grivello, *fol.*

Dictionnaire de l'Académie Françoife, *fol. 2 vol.*

—— De Profper Marchand, *fol. 2 vol.*

—— François & latin, par le P. Lebrun, *in-4°.*

—— De la langue fr. par Richelet, *fol. 3 vol.*

—— Abregé du même, *in-8°.*

Danetii Dictionarium, *in-4°.*

—— Univerfel d'Agriculture, de Fauconnerie, Chaffe, Pêche, Cuifine & Manege, par M. *** 4°. 2 vol.*

—— Italien & françois, françois & italien, par Antonini, *in-4°. 2 vol.*

—— Des Rimes où fe trouvent les mots & le genre des mots, avec un Traité complet de la verfification, les regles de différens ouvrages en vers, par Richelet, *in-8°.* nouvelle édition.

—— Eccléfiaftique & Canonique portatif, ou abregé méthodique de toutes les connoiffances né ceffaires aux Miniftres de l'Eglife, & utiles aux Fideles qui veulent s'inftruire de toutes les parties de la Religion, *in-8°. 2 vol.*

— de Droit & de Pratique contenant l'explication des termes de Droit, d'Ordonnances, de Coutume & Pratique, par M. Claude Ferriere, *in*-4°. 2 *vol.*

— François & Italien, Italien & François, par Veneroni, *in*-4°. 2 *vol. fous preffe.*

— Des Monogrammes, traduit de l'Allemand, par M. * * * *in*-8°.

— Des Prédicateurs, *in*-8°.

— Grammatical, *in*-8°.

— Néologique, *in*-8°.

— Des Proverbes, *in*-12.

— De Droit Canonique, *in*-4°. 2 *vol.*

— Des termes d'Agriculture, *in*-12.

— Botannique & Pharmaceutique, contenant les principales propriétés des minéraux, des végétaux & des animaux d'ufage, avec les préparations de Pharmacie internes & externes, les plus ufitées en Médecine & en Chirurgie, *in* 8°.

— Des Conciles contenant une fomme de tous les Conciles Généraux, Nationaux, Provinciaux & Particuliers, le fujet de leurs tenues, leurs décifions fur le dogme & la difcipline, & les erreurs qu'ils ont condamnées, *in*-8°.

— Militaire portatif contenant tous les termes propres à la Guerre, fur ce qui regarde la Tactique, le Génie, l'Artillerie, la Subftance, la Difcipline des Troupes & la Marine, *in* 8°. 3 *vol.*

— Des Commançans françois & latin où l'on trouve en abregé les principales regles de la Syntaxe, & les Prétérits & Supins marqués tout au long, *in*-8°.

— Allemand & françois, françois & allemand, *in*-4°. 2 *vol.*

— Le même, *in*-8°. 2 *vol.*

— De Phifique ; de Paulian , *in-4°. 3 vol.*

— Portatif contenant la Géographie & l'Hiftoire Univerfelle , la Chronologie, la Mythologie, l'Aftronomie , la Phifique, l'Hiftoire Naturelle & toutes fes parties , la Chymie, l'Anatomie, l'Hydrographie & la Marine, *in-8°. 8 vol.*

— Poetique portatif qui contient l'hiftoire fabuleufe des Dieux & des Heros de l'antiquité payenne , *in-8°.*

Dictionnaire des Epithétes, *in-12.*

Dictionnaire univerfel des foffilles propres , & des foffilles accidentelles, par M. E. Bertrand, *in-8°.*

Vocabolario de gli Accademici della crufca, impreffione Napolitana , fecondo Lultima di Firenze, *fol. 6 vol.*

E

EPITRES & Evangiles avec des réflexions, *in-12.*

Examen fur la Théorie de l'impôt, *in-12. broché.*

L'Eneïde di Virgilio del Commendatore Annibal Caro , *in-8°. 2 vol.* belle édition, *figures.*

Effai fur la fonction des Procureurs, *in-12. broché.*

Expofition abregée des Loix, *in-8°. Paris 1751.*

Effai fur la preftation des fautes, par M. Lebrun , Avocat au Parlement, *in-12.*

Efprit des Ordonnances de Louis XV, par M. Salé, Avocat au Parlement, *in-4°.*

Elémens de Géométrie , par Malezieux, *in-8°.*

Education Phifique , *in-12.*

Entretiens d'Arifte & d'Eugène, par le Pere Bohours, *in-12.*

Ecole du Jardin Potager contenant une defcription exacte de toutes les plantes potageres, les qualités des terres , les fituations , les climats qui leur font propres , par M. Decombe , *in-12. 2 vol.*

Etudes convenables aux Demoifelles , contenant la Grammaire , la Poëfie , la Géographie , l'Hiftoire , nouvelle édition , *in-12. 2 vol.*

Efprit de Folard , *in-8°.*

Les Epithêtes Françoifes rangées fous leurs fubftantifs , ouvrage utile aux Poëtes , *in-8°.*

Effai de Montagne , *in-4°. 3 vol. édition de Londres ,* belle édition.

Eloge des Académiciens de Berlin , *in-12.*

Effai fur le mécanifme des paffions , *in-12.*

Eloge hiftorique d'Homere , *in-12.*

E

FABLES de la Fontaine , *in-12. 2 vol. avec fig.*

— Les mêmes , *grand in-12. fans fig.*

— Les mêmes , *in-12. petit format.*

G

GRADUALE Romanum notatum , *edit. Gratianopoli , in-12.*

Géographie de le François , dédiée à Mademoifelle de Crozat , *in-12.*

Jacobi Gothofredi Manuale Juris , feu parva Juris Myfteria , *in-12.*

Grammaire Françoife de Reftaut , *in-12.* nouvelle édition.

— Italienne d'Antonini , *in-12.*

H

HISTOIRE de la Bible , par Royaumont , *in-8°. figures.*

—— La même, *in-12.*

Hiſtoire de la Religion, par Mallemans, *in-12. 6 v.*

Hiſtoire Critique des pratiques ſuperſtitieuſes qui ont ſéduit les Peuples, & embarraſſé les Sçavans, par le Pere Lebrun, *in-12. 4 vol.*

Hiſtoire de Louis XI, par M. Duclos, *in-12. 3 vol.*

Hiſtoire de Louis XIV, par la Martiniere, *in-4°. 5 vol. édit. d'Hollande.*

Hiſtoire du Paraguai, par le P. Charlevoix, *in-12. 6 v.*

Hardunini Commentaria in Novum Teſtamentum, *in-fol.*

Hiſtoire du Peuple de Dieu, par le Pere Berruyer, *in-4°. 12 vol.*

—— La même, *in-12. 18 vol.*

—— Le Nouveau Teſtament, *in-12. 8 vol.*

Hiſtoire du Droit public, eccléſiaſtique, françois, *in-4°. 2 vol.*

Hiſtoire de la Juriſprudence Romaine contenant ſon origine & ſes progrès, depuis la fondation de Rome juſqu'à préſent, ſervant d'introduction à l'étude du Corps de Droit Civil, à la lecture du Corps de Droit Romain, par M. Terraſſon. *fol.*

Hiſtoire de Theodoſe, par Flechier, *in-12.*

Hiſtoire de Charles VI, par de la Lande, *in-12. 6 vol. édition d'Hollande.*

Hiſtoire de Charles VII, par Beaudot de Jully, *in-12. 2 vol.*

Hiſtoire de Charles XII, par Voltaire, *in-12.*

Hiſtoire d'Henri IV, par Perefixe, *in-12.*

Hiſtoire de Louis XIII, par Levaſſor, *in-4°. 6 vol.*

Hiſtoire de Louis XIV, par Reboulet, *in-12. 9 vol.*

Hiſtoire de France ſous le regne de Louis XIV, par Larrey, *in-4°. 3 vol.*

Hiſtoire de France depuis Saint Louis juſqu'à Charles VI. par Choiſy, *in*-12. 4 *vol.*

Hiſtoire de France, par Brianville, *in*-12. *avec fig.*

Hiſtoire de France & Romaine par demandes & par réponſes, nouvelle édition, *in*-12. 2 *vol.*

Hiſtoire générale d'Eſpagne, traduite de l'Eſpagnol de Jean de Ferreras, enrichie de notes hiſtoriques & critiques, de Vignettes en Taille-douce & des Cartes Géographiques, par M. d'Hermilly, *in*-4°. 10 *vol.*

La Cyropédie ou l'Hiſtoire de Cyrus, par Charpentier. *in*-12. 2 *vol.*

Hiſtoire Chronologique de la Grande Chancellerie de France, contenant ſon origine depuis le commencement de la nouvelle Monarchie juſqu'à préſent, par Teſſereau, *fol.* 2 *vol.*

Hiſtoire des Navigations aux Terres Auſtrales, contenant ce que l'on ſçait des mœurs & des Productions des Contrées découvertes juſqu'à ce jour, *in*-4°. 2 *vol.*

Hiſtoire de Scipion & d'Epaminondas, par l'Abbé de la Tour, pour ſervir de ſuite aux Hommes Illuſtres de Plutarque, *in*-12.

Hiſtoire de l'Egliſe, Ville & Diocèſe de Beſançon, par Dunod, *in*-4°. 2 *vol.*

Hiſtoire de l'Abbaye de Saint Germain-des-Prez, *fol.* *grand papier, figures.*

— Le même, *petit papier.*

Hiſtoire de la Conquête du Mexique, ou de la Nouvelle Eſpagne, traduite de l'Eſpagnol, *in*-12. 2 *vol.*

— Du Pérou, traduite de l'Eſpagnol par S. D. C. *in*-12. 2 *vol.*

Hiſtoire de la Guerre des Romains contre Jugurta, & l'Hiſtoire de la Conjuration de Catilina, ouvrage de Saluſte, traduit en françois, *in*-12.

Hiſtoire de Ciceron avec des remarques hiſtoriques & critiques, par Morabin, *in*-4°. 2 *vol.*

Hiſtoires amoureuſes des Gaules, par Buſſi Rabutin, *in*-12. 5 *vol.*

Hiſtoire de la Papeſſe Jeanne, *in*-12. 2 *vol.*

Hiſtoire des Inquiſitions où l'on rapporte l'origine & le progrès de ces Tribunaux, leurs variations, la forme de leurs variations & la forme de leurs Juriſ-dictions, *in*-12. 2 *vol.*

Hiſtoire de Dom Inigo, *in*-12. 2 *vol.*

Hiſtoire de Malthe, par l'Abbé de Vertot . *in* 12. **7** *vol.*

Hiſtoire des Révolutions Romaines, par le même, 3 *vol. in*-12.

—— De Suede, par le même, *in*-12. 2 *vol.*

—— De Portugal, par le même, 1 *vol. in*-12.

Hiſtoire du Traité de Weſtphalie, ou des Négocia-tions qui ſe firent à Munſter & à Oſnabrug, par le P. Bougeant, *in* 12. 6 *vol.*

Hiſtoire des Juifs, par Pridaux, en Anglais, *in*-8°. 4 *vol.*

Hiſtoires des Guerres Civiles de France, ſous les regnes de François II, Charles IX, Henri III & Henri IV, traduites de l'Italien de Davila, avec des notes critiques & hiſtoriques, par M * * * *in*-4°. 3 *vol.*

Hiſtoire de Dom Ranucio d'Aletes, *in*-12. 2 *vol.*

Hiſtoire de la Papeſſe Jeanne, 2 *vol. in*-12. *figures.*

I

Imitation de Jesus-Christ, par Dumas, *in-8°.*
— La même, *in-12. petit format.*
La Jérusaleme liberata, *in-8°.* 2 *vol.* belle édition.
Instructions pour les jardins fruitiers & potagers avec
    un Traité des Orangers & des réfléxions sur l'agri-
    culture, par M. de la Quintinie, *in-4°.* 2 *vol.*
Nouvelle Instruction pour les confitures, les liqueurs
    & les fruits, où l'on apprend à confire toutes sortes
    de fruits tant secs que liquides, *in-12.*
Jardinier François, suite du ménage des champs, *in-12.*
La Jardiniere de Vincennes, *in-12. 5 parties.*
Journal des principales Audiences du Parlement avec
    les Arrêts qui y ont été rendus depuis 1622 jusqu'en
    1722, *fol.* 7 *vol.*
        Les tomes 6 & 7 se vendent séparément.
Journal du Palais, ou Recueil des principales déci-
    sions de tous les Parlemens & Cours souveraines de
    France, par Blondeau & Guéret, *fol.* 2 *vol.*
Instituts de Justinien, commentés par Ferriere, *in-*
    12. 7 *vol.*
— Les mêmes, par Boutaric, *in-4°.*
Institutiones Justiniani cum notis Vinnii, *in-8°.*
— Les mêmes, *in-4°.* 2 *vol.*
Institutions au Droit François, par Argou, *in-12.* 2 *v.*
Institution au Droit François suivant l'ordre de celles
    de Justinien, accommodées à la Jurisprudence mo-
    derne & aux nouvelles Ordonnances, par Claude
    de Serrés, *in-4°.*
Jugement des Sçavans sur les principaux ouvrages
    des Auteurs, par Baillet, revu, corrigé & augmenté
    par M. de la Monnoye, avec l'Anti-Baillet, *in-4°.* 8 *v.*

L'Anti-Baillet se vend séparément.

Instituts Coutumieres de Loisel, *in-12.* 2 *vol.*

Institutions au Droit François, par Duval, *in-12.*

Instructions sur les Procédures, *in-12.*

Instituts féodales, ou Manuel des Censives avec une Table très-intéressante, par Guyot, *in-12.*

Jurisprudence Civile, par de Lacombe, *in-4°.* sous presse.

Introduction à la Pratique, ou abregé du dictionnaire de Droit de Ferriere, *in-8°.* 2 *vol.*

Instruction des Négocians, ouvrage utile aux Juges Consuls, & à tous ceux qui font le commerce, par P. J. Masson, Imprimeur-Libraire, *in-12.* petit format.

L

L'AME Chrétienne. 1 *vol. en-12.* petit format.

Lecture Chrétienne, *in-12.*

Lettres de Saint Ambroise traduites par Duranti de Bonrecueil, *Paris*, *in-12.* 3 *vol.*

Livre nécessaire de Barême, ou Tarif général des intérêts des comptes, des changes & des divisions toutes faites, *in-12.*

Les Loix Ecclésiastiques, par M. d'Hericourt, *fol.*

Les Loix Civiles dans leur ordre naturel avec le *Legum Delectus*, par Domat, *fol.*

L'Art d'aimer d'Ovide avec le remede d'amour, *in-8°.*

Les Loix de la nature, expliquées par Cumberlan, traduites avec des notes, par Barbeyrac, *in-4°.* édition d'Hollande.

Lettres & Mémoires de Madame de Maintenon, *in-12.* 12 *vol.*

Lettres de M. l'Abbé Leblanc, *in-12.* 3 *vol.*

Lettres de Crebillon , *in-12. 2 vol.*

Les Loix des Bâtimens , fuivant la Coutume de Paris, par Goupy , *in-8°.*

La Science des Négocians & Teneurs de Livres , par M. de la Porte , *in-8°.*

Le Guide des Négocians , du même , *in-12.*

M

MAximes fur les Infinuations , *in-12.*

Maximes journalieres du Droit François , par M. M. *in-4°.*

Mémoire concernant le Comté-Pairie d'Eu & les ufages prétendus locaux , avec les autres arrêtés du Parlement de Paris qui les ont condamnés , par Froland , *in-4°.*

Mémoire concernant la prohibition de vaquer les Décrétés d'immeubles fitués en Normandie , avec les Chartres, Ordonnances, Edits, Déclarations, Lettres-Patentes, Arrêtés du Confeil qui confirment les Privileges de la Province , par Froland , *in-4°.*

Maniere de bien penfer , par Bouhours , *in-12.*

Mémoire fur les Manufactures de draps & autres étoffes de laine , *in-12.*

Manuel Hiftorique, Géographique & Politique des Négocians , *in-8°. 3 vol.*

Ménage des champs, ou Cuifinier François , *in-12.*

Nouvelle Méthode pour cultiver toutes fortes d'arbres fruitiers avec la maniere de faire les treilles , par M. D * * * *in-12.*

Manuel du Jardinier , ouvrage néceffaire aux Cultivateurs , Amateurs de la Botannique , par Mandivola , traduit de l'italien par M. Andri , Médecin, *in-12.*

Mélanges

Mélanges d'Histoire Naturelle par M. Dulac, *in-8°.*
6 *vol.*

Maniere de femer dans toutes les faifons de l'année,
toutes fortes de graines & plantes tant potageres que
fleurs, & oignons de fleurs, graine d'arbres & autres, *in-12.*

La Médecine & Chirurgie des Pauvres, contenant les
remedes choifis, faciles à préparer & fans dépenfe
pour toutes fortes de maladies, *in-12.*

Méthode Grecque de Port-Royal, *in-8°.*

Méthode raifonnée du Blafon, pour l'apprendre d'une
maniere aifée, par le Pere Meneftrier, *in-12. fig.*

Maître Italien de Veneroni, *in-12.*

—— Le même, augmenté par Placardi, *in-8°.*

Méthode Italienne d'Antonini, *in-12.*

—— De Bertera, *in-12.*

Méthode Efpagnole de Sobrino, *in-12.*

—— De Veirac, *in-12.*

Le Maître Allemand, ou Nouvelle Grammaire Alle-
mande, Méthodique & raifonnée, par Gottfched *in-8°.*

Magafin des Enfans, *in-12.* 4 *vol.*

Magafin des Adolefcentes, ou Dialogue d'une fage
Gouvernante avec fes Eleves, pour fervir de fuite
au Magafin des Enfans, par M. le Prince de Beau-
mont, *in-12,* 2 *vol.*

Mémoire de la Fayette, *in-12.*

Mémoire de la Fare, *in-12.*

Mémoires de M. Duguay-Trouin, *in-12.*

Mémoire de M. de la Colonie, Maréchal de Camp des
Armées de l'Electeur de Baviere avec fes avantures
& fes combats importans, *in-12* 2 *vol.*

Mémoires de Mazarin, *in-12.*

Mémoire de Caftelnau, nouvelle Edition augmentée

B

de plufieurs Manufcrits avec plus de 300 Armoiries gravées en taille douce, *fol.* 3. *vol.*

Mémoire du Duc de Rohan fur les chofes qui fe font paffées en France depuis la mort de Henri le Grand, jufqu'à la paix faite avec les Réformés au mois de Juin 1629. *in-*12. 2 *vol.*

Mémoires particuliers fur l'Hiftoire de France, *in* 12. 3 *vol.*

Monumens finguliers, touchant la Religion des anciens, *in-*4°. *figures.*

Mémoire hiftorique, politique de l'Europe, depuis l'élévation de Charles V au Trône de l'Empire, jufqu'au Traité d'Aix - la - Chapelle, par Raynal, *in-*8°. 3 *vol.*

Mémoires de Montecuculli, Généraliffime des Troupes de l'Empereur, *in-*12.

Mémoires & Réflexions fur les principaux événemens du regne de Louis XIV, fur le caractere de ceux qui y ont eu la principale part, par M. L. M. D. L. F. *in-*12.

Mémoires de Sully, 8 *vol. in-*12.

Mémoires de la Ligue, 6 *vol. in-*4°.

N.

NOTABLES & fingulieres queftions de Droit Ecrit, jugées au Parlement de Touloufe, conférées avec les préjugés des autres Parlemens de France, par Maynard, *fol.* 2 *vol.*

Nouveau traité de Cuifine, avec de nouveaux deffeins de table, où l'on apprendra ce que l'on doit fervir, fuivant chaque faifon, 3 *vol. in-*12. *figures.*

Nouveau Voyage de France, *in-*12. 2 *vol.*

O.

ŒUVRES de piété de Saint Ephrem , traduit fur la nouvelle Edition de Rome , *in·12. 2 vol.*

Origine de la Phyfique, par le Pere Regnault , *in-12.* 3 *vol.*

Œuvres de Bacquet augmentées de plufieurs queftions, décifions & arrêts des Cours fouveraines de France, par de Ferriere, Avocat au Parlement, *fol. 2 vol.*

Œuvres de Dupleffis , Avocat au Parlement, fur la Coutume de Paris , revues, corrigées & augmentées par Berroyer & de Lauriere, *fol. 2 vol.*

Le premier fe vend féparement.

Œuvres de Defpeiffes, contenant les matieres les plus importantes du Droit Romain , méthodiquement expliquées & accommodées au Droit François, confirmées par les Arrêts des Cours fouveraines. Nouvelle Edition revue & corrigée par Gui Rouffeau de la Combe, *fol. 3 vol.*

Œuvres de Patru , contenant fes défenfes, harangues, & plaidoyers, *in-4°. 2 vol.*

Œuvres pofthumes de M. d'Hericourt, *in-4°. 4 vol.*

Œuvres de Cochin , *in-4° 6 vol.*

Œuvres de Teraffon, Avocat au Parlement, contenant fes difcours, plaidoyers, mémoires & confultations, *in-4°.*

Œuvres de Duperray, *in-12. 20 vol.*

L'on vend féparément:

Queftions fur le Concordat, *2 vol.*

Obfervations fur le Concordat, *in 12.*

Traité des Droits honorifiques, *in·12.*

Notes fur l'Edit de 1695, *in 12 2 vol.*

Bij

(20)

Traité des Dixmes , 2 *vol. in-12.*

—— Des Portions congrues , *in-12.* 2 *vol.*

—— De la capacité des Ecclésiastiques , 2 *vol.*

—— Du partage des Fruits des Bénéfices , *in-12.*

—— Des Contrats de Mariage augmentés par M. Serrieux , *in-12.* 2 *vol.*

Traités des Dispenses de Mariage , *in-12.*

—— Des Moyens Canoniques , *in-12.* 4 *vol.*

Œuvres de Renusson , contenant les Traités du Douai-
re , de la Subrogation, des Propres & de la Communauté , nouvelle édition , augmentée par M.
Serrieux , *fol.*

Ces quatre Traités se vendent séparément in 4°.

Ordonnance des Eaux & Forêts, nouvelle édition con-
sidérablement augmentée , *in-12.*

—— Sur les Matieres Criminelles , *in-24.*

—— Sur les Matieres Civiles , *in-24.*

—— Sur le Commerce , *in-24.*

—— Sur les Evocations , *in 24.*

—— De Louis XV sur les Testamens & Donations ,
in-24.

—— Sur la Marine , *in-24.*

Œuvres posthumes de M. de Giatigni , contenant ses
harangues au Palais & ses discours académiques ,
in-8°.

Ordonnance de la Ville de Paris , *in-24.*

Ornemens de la mémoire, ou les traits brillans des
Poëtes François les plus célébres , *in-12.*

Observations sur l'Agriculture , *in-12.* 2 *vol.*

Observations sur le jardinage , par Bradeley , 3 *vol.
figures.*

Œuvres d'Horace , traduites en françois avec des Remarques & des Dissertations critiques , par le Pere

Sanadon , de la Compagnie de Jesus , *in-12.* 8 *volumes.*

Œuvres d'Horace à l'usage de la Jeunesse , avec un Dictionnaire alphabétique de tous les noms propres à l'intelligence de la Fable , 3 *vol. in - 12.* petit format.

Œuvres mêlées de M. le Chevalier de saint Jory , *in-12* 2 *vol.*

Œdipe de Sophocle , ou les oiseaux d'Aristaphane ; *in-12.*

L'origine ancienne de la Physique nouvelle , par le Pere Regnault , *in-12.* 5 *vol.*

Œuvres de Madame la Marquise de Lambert , avec un abregé de sa vie , *in-12.* 2 *vol.*

Œuvres de la Motte-le - Vayer , Edition de *Vienne* , *in-8°.* 14 *vol.*

Œuvres de Pope , Edition de *Vienne* , *in-12.* 7 *vol.*

—— Les mêmes de Pope en Anglois , *Londres* , *in-8°.* 6 *vol.* belle édition.

Opere di Cornelio Tacito , *in-12.* 2 *vol.*

Œuvres diverses de Vergier , *in-12.* 4 *vol.*

Œuvres de Chaulieu , *in-12.* 2 *vol.*

—— De Destouches , *in-12.* 10 *vol.*

—— De l'Abbé de Bernis , *in-12.*

—— De Regnier des Marêts , *in-12.* 2 *vol.*

—— De Moliere , *in-4°.* 6 *vol. belle Edition.*

—— Le même , *in-12.* 8 *vol.*

—— Racine , *in-4°.* 3 *vol. belle Edition.*

—— Le même , *in-12.* 3 *vol.*

Œuvres de Baron , *in-12.* 3 *vol.*

—— De Saint Evremont , *in-12.* 12 *vol.*

—— De Rousseau , *in-12.* 4 *vol.*

—— De Rousseau donné par Segni *in-12.* 4 *vol.*

Le même *in-4°. 3 vol. belle Edition.*

— De la Fontaine, *in-12. 4. vol.*

Œuvres de Pierre & Thomas Corneille, *in-12. 19 vol.*

— *Pierre fe vend féparément.*

Commentaire de Voltaire fur Corneille, *in-12. 3 vol.*

P

PRIERES d'un pécheur qui demande pardon à Dieu de fes fautes, *in-12.*

Panégyrique de la Rue, *in-12. 3 vol.*

Penfées de M. l'Abbé de Saint Cyrand; *in-12.*

Parallele des Romains, par Mably, *in-12. 2 vol.*

Philofophe payen, ou penfées de Pline avec un Commentaire littéraire & moral, par Formey, *in-12. 3 vol.*

Paufanias, ou voyages hiftoriques de la Grece, traduit en François avec des remarques par l'Abbé Gedoyn, *in-4°. 2 vol.*

Pratique univerfelle pour la rénovation des Terriers & des Droits feigneuriaux, tant utiles qu'honorifiques, réels, perfonnels & mixtes, contenant les queftions les plus importantes fur cette matiere, *in-4°. 6 vol.*

Les Principes des rentes conftituées, où il eft traité de leurs intérêts, de ce qui peut en produire de foi-même, ou autrement, & de tout ce qui y a rapport, fuivant la Jurifprudence du Royaume, par M. D. M. C. Avocat au Parlement, *in-12.*

Pharmacopée Royale, Galénique & Chimique, par Moyfe Charas, nouvelle édition, *in-4°. 2 vol.*

Le Payfan parvenu, *in-12. 4 parties.*

Principes fur les Gradués, par M. de Jouy, *in-12.*

Plaidoyer de Baffet, *fol. 2 vol.*

Procès verbal des Ordonnances de Louis XIV. tant
pour les matieres civiles que criminelles, *in*-4°.

Principes de Jurifprudence fur les Vifites & Rapports
judiciaires des Medecins, Chirurgiens, Apoticaires
& Sages-Femmes, par M. Prevoft, Avocat, *in*-12.

Nouvelle Pratique civile, criminelle & bénéficiale, ou
le nouveau Praticien françois réformé, fuivant les
nouvelles Ordonnances, par M. Lange, *in*-4°.
2 *vol.*

Le nouveau & parfait Notaire réformé, fuivant les
Ordonnances, par Caffen, *in*-4°.

Penfées ingénieufes, par Bouhours, *in*-12.

Parfait Maréchal, qui enfeigne à connoître la beauté,
la bonté & les défauts des chevaux, par Soleyfel,
in-4°.

Nouveau parfait Maréchal, ou la connoiffance générale & univerfelle du Cheval avec un Dictionnaire des termes de Cavalerie, par Garfault, *in*-4°.

Parfumeur Royal, ou traité des Parfums, des plus
beaux fecrets qui entrent dans la compofition &
la diftillation des eaux de fenteur, & autres liqueurs
précieufes, *in*-12.

Phyfique de Henault, *in*-12. 2 *vol.*

Le Paradis perdu en anglois, *in*-12. 2 *vol.*

Parfait Limonadier, par Maffon, *in*-12.

Porée Orationes, *in*-12.

R

Regles du Droit François, par M. Poquet de Livonieres, *in*-12.

Remarques fur les Douaires, ou alimens accordés aux
Veuves, par M. de Norville, *in*-12.

Recueil, par ordre alphabétique, des principales queftions de Droit qui se jugent dans les différens Tribunaux du Royaume, nouvelle édition augmentée, par M. * * * Avocat, *in-12. 2 vol. sous presse.*

Recueil de Jurisprudence Civile du Pays du Droit Ecrit & Coutumier, par ordre alphabétique, par Lacombe, *in-4°. sous presse.*

Recueil d'Edits & Ordonnances Royaux sur le fait de la Justice, & autres Matieres les plus importantes, par Neron & Girard, nouvelle édition beaucoup augmentée, par M.... Avocat, *fol. 4 vol. sous presse.*

Réglemens sur les Scellés & Inventaires en matiere civile & criminelle, *in-4°.*

Recueil des principales décisions sur les matieres bénéficiales, par Drapier, 1 *vol. in-12.*

Recueil des principales décisions sur les Dixmes, les Portions Congrues, par Drapier, nouvelle édition augmentée d'un Traité des Champarts, par Brunet, Avocat, 2 *vol. in-12.*

Recueil général des Pieces contenues aux Procès de M. le Marquis de Gêvres, *in-12. 2 vol.*

Roberti Stephani Thesaurus linguæ latinæ, 4 *vol. fol.*

Recherches sur le prix & la valeur des Monnoies, par M. Dupré de Saint Maure, *in-12.*

Rhétorique, ou les Régles d'éloquence, par M. Gibert, *in-12.*

Rhétorique à l'usage des Demoiselles, 1 *vol. in-12.*

S

Semaine Sainte, latine & françoise, *in-8°.*

Idem, latine, *in-12.*

Sermons de Nesmon. *in-12.*

Sermons du Pere Peruseau, *in-12. 2 vol.*

— Du Pere Dutreuille, *in-12. 2 vol.*

— De Lafiteau, *in*-12. 2 *vol.*

— De Beaufobre, *in*-8°. 4 *vol.*

Sermons de la Roche, *in*-12. 8 *vol.*

Panégyrique du même, *in*-12. 2 *vol.*

Sybilla trig. andriana, feu de virginitate virginum ftatu Jure, Tractatus jucundus, per Henricum Horfmanum, *Editio nova, in*-12.

Statuts de Frolan, *in*-4°. 2 *vol.*

Sentimens de Cleante, de Bouhours, *in*-12.

La Sachia Rapila, avec la traduction à côté, *in*-12. 3 *vol.*

Sciences des Négocians de la Porte, *in*-8°.

Le Soldat parvenu, ou Mémoires & avantures de M. de Verval, dit Belle-Rofe, par M. de M. *in*-12. 2 *vol.*

Science des principes, ou confidérations politiques fur les coups d'Etat, par Naudé, *in*-12. 3 *vol.*

Style (le nouveau) général des Huiffiers & Sergens, *in*-12. 1763.

Style de Gauret, *in*-12. 2 *vol.* revû & corrigé, *fous preffe.*

Science parfaite des Notaires, ou le Parfait Notaire, contenant les Ordonnances, Actes & Réglemens rendus, touchant la fonction des Notaires, tant Royaux qu'Apoftoliques, par Claude Ferriere, 2 *vol. in*-4°.

Le Spectateur, ou le Socrate moderne, où l'on voit un portrait naïf des mœurs de ce fiecle, traduit de l'anglois, 6 *vol. in*-12.

Les Secrets du grand & petit Albert, *in*-12. 2 *vol.* *petit format.*

La Science du Maître d'Hôtel Cuifinier, 1 *vol. in*-12.

— Du Maître d'Hôtel Confifeur, *in*-12, *fig.*

T

TRAITÉS des droits honorifiques des Patrons &
Seigneurs dans les Eglises, par Maréchal, *in-12.*
2 *vol.*

Texte des Ordonnances,

—— Civiles,

—— Criminelles,

—— Marchands.

—— Louis XV.

—— de l'Ordonnance des Eaux & Forêts.

Traité sur le Mariage, par M. l'Heridan, *in-4°.*

Traité des Criées, Ventes des Immeubles, & des Offi-
ces, par Decret principal, suivant l'usage du Duché
de Bourgogne, *in-4°.*

Traité des Fiefs, par M. de Bellecocq, *in-4°.*

Traité des Fiefs, par M. Poquet de Livonieres, *in-4°.*

Traité de la culture des Renoncules, des Œillets, des
Auricules & des Tulippes, *in-12.*

Traité historique & pratique de la cuisine, ou le
Cuisinier instruit, suivi d'un petit abregé sur la
maniere de faire les confitures liquides, & autres
desserts de toutes espèces, *in-12.* 2 *vol.*

Nouveau Traité de cuisine, avec de nouveaux desseins
de Table, où l'on apprendra ce que l'on doit servir
suivant chaque saison, *in-12.* 3 *vol.*

Traité de la Distillation, ou la Distillation réduite en
principes, par M. Dejan, Distillateur, nouvelle
édition, corrigée & augmentée, *in-12.*

Traité des Odeurs, suite du Traité de la Distillation,
par le même, *in-12.*

Traité des Jardins, par Dusausay, *in-12.*

Traité de la culture des Pechers, par M. de Combe, *in*-12.

Traité du vrai mérite de l'homme , confidéré dans tous les âges & dans toutes les conditions , avec des principes d'éducation propres à former les jeunes gens à la vertu, par M. le Maître de Claville, *in*-12. 2 vol.

Traité de la Pefte, par M. de Senac. , *in*-4°.

Traité des Fiefs fur la Coutume de Poitou, 2 *vol.* *in*-4°.

Traité des peines des fecondes Nôces, dans lefquelles on voit de quelle maniere elles font obfervées, tant dans les Pays de Droit Ecrit que Coutumier, *in*-4°.

Traité de la culture de différentes Fleurs, des Narcif-fes, des Giroflées, des Tubereufes, des Anémones, de la Jacinthe, des Jonquilles , des Iris , des Lis & des Amaranthes, *in*-12.
Ces Traités fe vendent féparément.

Traités des Conventions de fuccéder , par Boucheul, *in*-4°.

Traité des Gains Nuptiaux , par Bouché d'Argis , *in*-4°.

Traité de la repréfentation du double lien, par Gui-né , *in*-4°.

Traité de la Meffe de Paroiffe , 1 *vol. in*-8°.

Traité de la Communauté , par le Brun, *fol.*

Traité des Succeffions , par le même, *fol. fous preffe.*

Traité des Donations , par Ricard, 2 *vol. fol.*

Traité de la perfection & confection dés Papiers Ter-riers, ou l'on donne des principes généraux & par-ticuliers fur cette matiere , & fon utilité , tant pour les Seigneurs, que pour le Public, par Bellami, *in*-4°.

Traité de l'Indult du Parlement de Paris, où du droit
que le Chancelier de France, les Préfidens, Maîtres
des Requêtes, Confeillers & autres Officiers du
Parlement, ont fur les Prélatures Séculieres & Ré-
gulieres du Royaume, par feu M. le P. Cochet de
Saint-Vallier, *in-4°*. 3 *vol.*

V

Vie de Richelieu, 5 *vol. in-12*.

Ufage des Franc-Fiefs, 1 *vol. in-8°*.

Vies des plus célébres Jurifconfultes de toutes les Na-
tions, tant anciennes que modernes, par Taifan,
in-4°.

Vies des Saints, par Baillet, *in-4°*. 10 *vol.*

Vie de Saint Thomas d'Aquin, *in-4°*.

Vie de Saint Epiphane, *in-4°*.

Vie de Saint Dominique, *in-4°*.

Vies de Solon & Publicola, avec leur comparaifon,
tirées de Plutarque & autres Auteurs, *in-12*.

Vie de Saint Ignace, Fondateur de la Compagnie
de Jefus, *in-12*.

LIVRES nouvellement acquis

ANALYSE Chronologique de l'Histoire Univer-
selle, depuis le commencement du monde, jusqu'à
l'Empire de Charlemagne, inclusivement, par M.
Philippe, *in-4°. grand papier.*

Recueil d'Ordonnances, Statuts & Réglemens concernant le Corps de la Mercerie, *in-4°.*

Statuts & Réglemens des Officiers Mesureurs, Con-
troleurs & Visiteurs de grains & farines de la Ville,
bourgs & Banlieue de Paris, *in-12.*

Maîtres Chandeliers Huiliers, *in-4°.*

ns des Distillateurs Marchands

www.ingramcontent.com/pod-product-compliance
Lightning Source LLC
Chambersburg PA
CBHW061613180626
46818CB00005B/2060